Lb 54 1471.

L

COURTE NOTICE

SUR

LOUIS-NAPOLÉON

BONAPARTE

REPRÉSENTANT DU PEUPLE

CANDIDAT A LA PRÉSIDENCE DE LA RÉPUBLIQUE.

COURTE NOTICE

SUR

LOUIS-NAPOLÉON

BONAPARTE

REPRÉSENTANT DU PEUPLE
CANDIDAT A LA PRÉSIDENCE DE LA RÉPUBLIQUE.

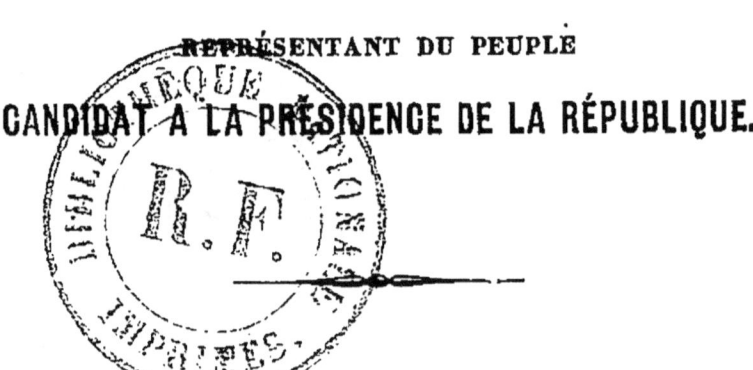

PARIS

CHEZ LES MARCHANDS DE NOUVEAUTÉS

—

1848

COURTE NOTICE

SUR

LOUIS-NAPOLÉON

BONAPARTE

REPRÉSENTANT DU PEUPLE

CANDIDAT A LA PRÉSIDENCE DE LA RÉPUBLIQUE.

Cinq cent mille suffrages, dans trois élections successives, ont porté Louis-Napoléon Bonaparte à l'Assemblée Nationale, et l'Assemblée Nationale vient d'abroger, par un vote unanime, la loi anti-patriotique qui proscrivait la famille de l'empereur.

Les sentiments de la France républicaine, manifestés d'une manière si éclatante, prouvent combien est grande la popularité du nom de Napoléon, combien sont grandes pour sa mémoire la vénération et la reconnaissance du peuple français.

Louis-Napoléon est-il, comme homme et comme citoyen, à la hauteur des devoirs qu'imposent un tel nom et une telle popularité?

Telle est la question que chacun se fait en ce moment, et à laquelle il nous faut avant tout répondre quelques mots.

Louis-Napoléon, né au milieu des splendeurs de la gloire impériale, neveu du grand homme et petit-fils de l'impératrice Joséphine, doit sans doute à son origine une partie des sympathies de la Nation; mais il doit l'autre à son mérite personnel.

Tout le monde est d'accord pour honorer les longues années d'exil et de prison pendant lesquelles Louis Napoléon, au lieu de se laisser abattre par l'adversité, a prouvé la force de son âme et de son esprit par la publication d'écrits importants (1), témoignage incontestable de ses profondes études en économie politique, en art militaire et en science du gouvernement.

Tout le monde est d'accord pour recon-

---

(1) Rêveries politiques. Brochure publiée en mai 1832.

Considérations politiques et militaires sur la Suisse. Brochure publiée à Paris, chez Levavasseur. 1833.

Extinction du paupérisme. Brochure in-24. Paris, Pagnerre, 1834.

Manuel d'artillerie, à l'usage des officiers d'artillerie de la République helvétique. 1 volume, orné de 30 planches, imprimé à Zurich. 1836.

Les idées napoléoniennes. 1 volume, imprimé à Paris, chez Paulin. 1839.

L'idée napoléonienne. Brochure qui devait pa-

naître la générosité de cœur, la loyauté de caractère, la complète abnégation d'intérêt personnel qu'il a constamment montrées, qualités qui lui ont valu tant d'amis fidèles dont aucun ne l'a abandonné, même au milieu de revers qui paraissaient sans espoir.

On lui a reproché *Strasbourg* et *Boulogne;* tentatives insensées, disaient les gouvernants d'alors et leurs échos inintelligents;

---

raître mensuellement, et dont le premier numéro seulement parut en juillet 1840.

FRAGMENTS HISTORIQUES, ou Comparaison des révolutions de 1688 et 1830. Brochure in-8º, écrite par Louis-Napoléon à Ham. Paris, administration de la librairie. 1841.

ANALYSE DE LA QUESTION DES SUCRES. Brochure in-18. Paris, administration de la librairie. 1842.

PROJET DE LOI SUR LE RECRUTEMENT DE L'ARMÉE. Brochure in-18. Jean Degeorge. Arras, 1843.

RÉPONSE DU PRINCE NAPOLÉON-LOUIS A M. DE LAMARTINE. Brochure in-24. Ham, 23 août 1844.

tentatives insensées contre une royauté inébranlable!

Le 24 février a fait justice de ces accusations; il a mis a nu la faiblesse de cette royauté prétendue inébranlable; il a donné raison à Louis-Napoléon.

Que prouvent Strasbourg et Boulogne?

1° Que Louis-Napoléon a vu dix ans plus tôt ce que ses accusateurs ont été forcés par la Nation de voir dix ans plus tard;

Quelques mots sur Joseph-Napoléon Bonaparte. Ham, 1844. (Cette petite brochure a paru dans la *Revue de l'Empire*.)

Études sur le passé et l'avenir de l'artillerie. Grand ouvrage en 3 volumes in-4°; avec un grand nombre de planches. Le premier volume, le seul qui ait encore paru, traite de l'influence de l'artillerie sur le champ de bataille. Paris, Dumaine. 1846.

Canal of Nicaragua, or a project to connect the Atlantic and Pacific Oceans by means of a canal. London, Mills and Son. 1846.

2º Qu'il n'est pas étonnant qu'un homme seul n'ait pas réussi dans une œuvre qui a exigé l'effort de la Nation entière;

3º Que Louis-Napoléon s'est généreusement dévoué, dans ces deux circonstances, au salut de tous.

Après cela, CINQ CENT MILLE SUFFRAGES ET L'UNANIMITÉ DE L'ASSEMBLÉE NATIONALE!

Et qui osera dire encore que la Nation blâme tout dans Strasbourg et Boulogne!

La France portera-t-elle Louis-Napoléon Bonaparte à la présidence de la république, comme elle l'a porté à la représentation nationale?

Un avenir prochain va en décider.

Ce qui est certain, c'est qu'au milieu des passions et des ébranlements de la révolution profonde qui vient de s'accomplir, les patriotes éclairés et sages voient dans la nomination de Louis-Napoléon Bonaparte à la présidence le plus sûr et le plus prompt moyen de salut pour la patrie.

Autour de lui et de son nom viendront naturellement se réunir les capacités de tout genre, hommes d'État, généraux d'armée, magistrats, artistes, écrivains, qui se tiendraient à l'écart, dont plusieurs même seraient repoussés, si un autre nom sortait de l'urne électorale qui va s'ouvrir.

Racontons maintenant la vie de Louis-Napoléon.

Louis-Napoléon Bonaparte naquit à Paris le 20 avril 1808, de Louis Bonaparte, frère de l'empereur, et d'Hortense-Eugénie de Beauharnais, fille de l'impératrice Joséphine.

Sa naissance fut accueillie avec enthousiasme dans toutes les villes de l'empire, alors à l'apogée de la grandeur; et depuis le département du Zuyderzée, le cent trentième de la liste, jusqu'aux départements de l'Arno et de l'Ombrone, cent vingt millions d'hommes célébrèrent, en vingt idiomes différents, la venue du nouveau-né : l'Europe leur répondit par ses acclamations.

L'empereur et l'impératrice le tinrent sur les fonts et lui donnèrent les noms de Louis-Napoléon; le cardinal Fesch, son oncle, procéda à la cérémonie du baptême; et Paris, qui vient de le nommer son représentant, l'adopta dès lors par des fêtes magnifiques.

Sept ans après, l'empire s'écroulait. A toutes les splendeurs succédèrent, pour la famille de l'empereur, les rigueurs de l'exil et de la proscription.

La reine Hortense se retira à Augsbourg. C'est là que Louis-Napoléon passa ses premières années d'exil. Sa mère, dont le souvenir est encore béni en France, présida elle-même à l'éducation de ce fils bien-aimé, et ne négligea rien pour le rendre digne du grand nom qu'il porte.

Forcée de quitter la Bavière, la reine Hortense vint avec son fils chercher un asile en Suisse et s'établir en Thurgovie, sur les bords du lac de Constance.

Ardent à s'instruire, Louis-Napoléon voulut connaître la Suisse. Ce pays, si intéressant à tant de titres, il l'étudia en digne élève des grands naturalistes, en observateur judicieux des belles manœuvres de Masséna, de Lecourbe et de Molitor, en admirateur patriote des gloires de Zurich, de Muthental et de Kloenthal, honneur éternel de la France ; il se pénétra de tout ce que la constitution et les mœurs républicaines de la Suisse ont valu d'indépendance et de bonheur à cette digne et forte nation.

Pour connaître autrement que par la théorie ce que c'est qu'une armée, il entra au camp de Thoune ; il y conquit ses grades en même temps que l'estime et l'affection de tous les officiers, parmi lesquels il compta pour maître d'abord, et ensuite pour ami, le colonel Dufour, le même qui s'est illustré comme généralissime de la confédération suisse dans la guerre contre le Sonderbund.

Enfin, il couronna cette vie active et studieuse par la publication de deux ouvrages remarquables : les *Considérations politiques et militaires sur la Suisse* et un *Manuel de l'artillerie*, qui, l'un et l'autre, valurent au jeune auteur l'intérêt et les suffrages de tous les hommes éclairés qui les lurent, en Suisse, en France, en Europe.

Louis-Napoléon avait alors vingt-deux ans; son éducation militaire, scientifique et littéraire était terminée. Vigoureux, intrépide, adroit à tous les exercices du corps, en même temps qu'habile publiciste et facile écrivain, il cachait, sous un extérieur calme et impassible, résultat d'études sérieuses et de longues méditations, un cœur chaud et généreux, un esprit enthousiaste.

La révolution de 1830 éclata. Il en apprit la nouvelle avec bonheur. Il espérait que le principe qui venait de triompher aux barricades de juillet allait inaugurer pour la France une ère de liberté et de grandeur et ouvrir à la famille de l'empereur les portes de cette patrie si ardemment aimée.

Ses espérances furent tristement déçues. Cette révolution, qui, pour mieux réussir, s'était d'abord annoncée comme *la meilleure des républiques*, ne fut qu'un changement de dynastie ; la branche cadette des Bourbons se mit à la place de la branche aînée, et le peuple se trouva, cette fois encore, avoir vaincu pour une autre cause que celle de la patrie. L'ostracisme continua donc pour la famille Napoléon.

Cependant la révolution de juillet avait ébranlé l'Europe. La Belgique se souleva la première, puis une partie de l'Italie, enfin la Pologne. La Pologne, qui aurait triomphé si elle n'eût été trahie par le gouvernement que le 24 février vient de renverser, la Pologne, après avoir versé des flots de sang moscovite, et le plus pur de son propre sang, tomba, le fusil à la main, en s'écriant :

« *Le ciel est trop haut et la France est trop loin !* »

Le gouvernement qui pesait alors sur la France, ce gouvernement, courbé vers Pétersbourg, eut l'égoïste audace d'apprendre à la France indignée le désastre de la Pologne, par ces paroles, déshonneur éternel du ministre qui consentit à les prononcer :

L'ordre règne à Varsovie !

Au moment où la Pologne se souleva, Louis-Napoléon combattait déjà avec les Italiens pour l'indépendance et la liberté de leur patrie. Il était sur le point d'enlever la forteresse de Civita-Castellana, lorsque le gouvernemént italien lui donna l'ordre de suspendre l'attaque. Louis-Napoléon se rendit alors à Bologne, que les Autrichiens menaçaient. Il fit des dispositions pour la défense de cette ville, et livra aux troupes ennemies plusieurs combats d'avant-postes où il fit preuve du plus brillant courage, notamment à Forli, où, à la tête de quelques cavaliers, il exécuta plusieurs charges audacieuses contre des forces considérables : dernière et héroïque protestation de la liberté italienne contre le despotisme autrichien.

La cause de l'Italie, cette cause si noble, désertée par la royauté de juillet, était perdue, et les vengeances de la cour de Vienne et de celle de Rome poursuivirent Louis-Napoléon. Mais un coup plus terrible pour lui que ses dangers personnels le frappa dans ses affections les plus chères.

Son frère aîné, Napoléon-Louis, qui avait

combattu à ses côtés, mourut dans ses bras des fatigues de la guerre. Lui-même tomba malade à Ancône, où sa mère ne parvint à le sauver des poursuites de la police autrichienne que par un véritable prodige d'audace et d'adresse (1).

Dès les premiers moments de sa convalescence, sa mère répandit le bruit qu'il était passé en Grèce, et, lui faisant traverser rapidement l'Italie, elle le conduisit à Paris, au moyen d'un déguisement et d'un passeport anglais. Louis-Napoléon adressa à Louis-Philippe une lettre où il réclamait le droit de citoyen français et l'hospitalité de la patrie. Malgré les prières et les démarches de la reine Hortense, qui redoutait les suites d'un

(1) Ce fut dans le palais même du gouverneur, qui faisait chercher Louis-Napoléon dans toute la province, que la reine Hortense eut la courageuse habileté de cacher son fils.

voyage pour la santé profondément altérée de son fils, l'ordre fut donné à l'illustre proscrit de quitter la France immédiatement. Il se rendit à Londres; de là il revint en Suisse (août 1831). La lutte des Polonais contre la Russie n'était pas encore terminée. Ils lui envoyèrent une députation pour l'engager à se mettre à leur tête. Voici un passage de la dépêche du gouvernement polonais à Louis-Napoléon :

« A qui la direction de notre entreprise pourrait-elle mieux être confiée qu'au neveu du plus grand capitaine de tous les siècles? Un jeune Bonaparte apparaissant sur nos plages, le drapeau tricolore à la main, produirait un effet moral dont les suites sont incalculables. Venez donc, espoir de notre patrie, porter à des populations qui reconnaîtront votre nom la fortune de César, et, ce qui vaut mieux, la liberté ! Vous aurez la reconnaissance de vos frères d'armes et l'admiration de l'univers.

« Le général KNIAZEWIEZ,
« Le comte PLATER, etc. »
18 août 1831.

La Pologne était foudroyée avant que celui qu'elle appelait à son secours eût pu arriver jusqu'à elle! Louis-Napoléon, l'âme navrée de douleur, se replongea dans l'étude. Cependant, de sa retraite d'Arenenberg, il suivait avec attention la marche des événements, et, dès qu'il eut la certitude que la France ne considérait plus comme national le gouvernement de Louis-Philippe, il résolut de l'en délivrer.

Après avoir longuement préparé tous ses moyens d'exécution et habilement choisi les hommes et le lieu qui lui répondaient du succès, il parut tout à coup à Strasbourg, et, un moment, il en fut maître. Ce hardi coup de main n'échoua que par une de ces fatalités qui trop souvent confondent les prévisions les plus sages.

La surprise et la terreur des gouvernants d'alors furent au comble. Après avoir essayé en vain d'arracher à l'homme qui venait de les mettre à deux doigts de leur perte la promesse qu'à l'avenir il ne leur serait plus hostile, ils se hâtèrent de l'expulser au delà des mers. Mais la France protesta en faveur de Louis-Napoléon. Le jury réuni pour juger ceux qu'on appelait ses complices, les renvoya tous absous. Jamais le gouvernement de juillet n'avait couru un tel danger.

Aussi, quand Louis-Napoléon revint en Suisse, quelques mois après, pour y recueillir les derniers soupirs de sa mère bien-aimée, le gouvernement français donna l'ordre au duc de Montebello, alors ambassadeur dans ce pays, d'obtenir à tout prix son expulsion du territoire helvétique. Le duc de Montebello, le fils de Lannes, de l'ami de l'empereur, ne recula pas devant cette mission ! Il n'en eut que la honte : le gouvernement suisse était pénétré d'estime pour Louis-Napoléon; et en même temps la confédération tout entière, animée de la plus vive sympathie pour le neveu de son grand médiateur, se sentit profondément froissée qu'on osât attenter à l'hospitalité qu'elle lui avait accordée, et dont il s'était montré si digne. Le duc de Montebello fut refusé.

Louis-Napoléon, à la pensée des dangers qu'il pouvait attirer sur la Suisse, se sacrifia généreusement... Il quitta cette terre de liberté, et se rendit à Londres, où il reprit ses travaux sur la politique et l'art militaire.

Les événements de 1840, qui amenèrent la coalition malheureuse à la suite de laquelle la France fut mise hors du concert européen, réveillèrent encore une fois dans l'esprit du neveu de l'empereur la pensée de délivrer sa patrie du joug d'un gouvernement qui subissait ainsi les volontés et les outrages des puissances étrangères. Les correspondances que n'avaient jamais cessé d'entretenir avec lui des hommes éminents de tous les partis achevèrent de le décider.

Son but, ainsi qu'il le déclara lui-même hautement à la cour des Pairs, était de servir de point de ralliement à tout ce qu'il y avait de généreux et de national dans tous les partis; et de rendre à la France sa dignité sans la guerre, sa liberté sans la licence, sa stabilité sans le despotisme.

L'expédition de Boulogne eut lieu.

On connaît les détails de cette entreprise, qui échoua, elle aussi, par des circonstances qu'il serait trop long d'énumérer, bien qu'elle fût conduite avec autant d'habileté que de résolution, et dont l'insuccès fut ennobli du moins par des actes de courage et de dévouement que n'ont pu s'empêcher d'admirer ceux-la même qui ont le plus cherché à la dénigrer.

Louis-Napoléon fut traduit devant la chambre des pairs, constituée en cour de justice.

Les débats de ce procès s'ouvrirent le 28 septembre 1840. Nous reproduisons, d'après *le Moniteur*, quelques passages du discours que prononça Louis-Napoléon.

« Pour la première fois de ma vie, dit-il, il m'est enfin permis d'élever la voix en France et de parler librement à des Français ! . . . .

« Malgré les gardes qui m'entourent, malgré les accusations que je viens d'entendre, plein des souvenirs de ma première enfance, en me trouvant dans ces murs, au milieu de vous que je connais, messieurs, je ne saurais croire que j'aie ici à me justifier, ni que vous puissiez être mes juges. Mais, puisqu'une occasion solennelle m'est offerte d'expliquer à la France ma conduite, mes intentions, mes projets, ce que je pense, ce que je veux, je ne laisserai point échapper cette occasion.

« Gardez-vous de croire que, me laissant aller aux mouvements d'une ambition personnelle, j'aie voulu tenter en France, malgré le pays, une restauration impériale. J'ai été formé par de plus hautes leçons et j'ai vécu sous de plus nobles exemples.

« Je suis né d'un père qui descendit du trône sans regret le jour où il ne jugea plus possible de concilier avec les intérêts de la France les intérêts du peuple qu'il avait été appelé à gouverner.

« L'empereur, mon oncle, aima mieux abdiquer l'empire que d'accepter par des traités les frontières restreintes qui devaient exposer la France à subir les dédains et les menaces que l'étranger se permet aujourd'hui. Je n'ai pas un seul jour laissé dans l'oubli de tels enseignements. La proscription a été impuissante à irriter comme à fatiguer mon cœur; elle n'a pu me rendre étranger à la dignité, à la gloire, aux droits, aux intérêts de la France. . . . .

« Quant à mon entreprise, seul j'ai tout résolu : personne n'a connu à l'avance l'ensemble de mes projets et de mes ressources. Si je suis coupable envers quelqu'un, c'est envers mes amis seuls. Mais qu'ils ne m'accusent pas d'avoir légèrement abusé de leur courage et de leur dévouement. Ils comprendront les motifs d'honneur et de prudence qui ne me permettent pas de révéler à eux-mêmes combien étaient étendues et puissantes mes raisons d'espérer un succès. »

. . . .

Interrogé par le président, Louis-Napoléon répondit à toutes les questions avec une convenance, une dignité, une abnégation personnelle qui lui valurent dans le public et même parmi ses juges des sympathies qui n'ont fait que s'accroître et dont il recueille aujourd'hui le fruit.

Mais Louis-Napoléon était alors un vaincu entre les mains d'un vainqueur, qu'il avait fait trembler, et qui voulait ne plus avoir à le craindre. Il fut condamné à être enfermé à perpétuité dans une citadelle de l'État.

Le fort de Ham fut choisi. Louis-Napoléon passa près de six ans dans cette prison, et, durant ces six années, aucune plainte ne sortit de sa bouche, aucun acte de faiblesse n'échappa à son cœur.

Il lui eût été facile cependant de recouvrer sa liberté : il lui eût suffi de s'engager à ne rien entreprendre contre le gouvernement de Louis-Philippe. Un tel engagement eût paru à Louis-Napoléon une forfaiture envers la Nation : il déclara qu'il ne le prendrait jamais.

Pendant la durée de sa captivité il publia plusieurs ouvrages dont nous donnerons des extraits à la fin de cette notice, et notamment le premier volume des *Études sur le passé et l'avenir de l'artillerie*, ouvrage d'une haute portée, où l'esprit de détail et d'observation s'unit aux déductions les plus élevées de la science et de la philosophie.

Tous les systèmes de guerre en usage en Europe depuis le xive siècle jusqu'au xviie, depuis Duguesclin jusqu'à Gustave Adolphe, s'y trouvent développés et appréciés; toutes nos batailles territoriales et internationales y sont analysées et commentées avec une rectitude de jugement, une profondeur de vues, une élévation de pensée, et une clarté de style qu'on ne saurait trop louer. La partie didactique surtout y est traitée avec un soin particulier. L'auteur n'avance aucun fait dont la preuve ne soit à l'appui, aucune assertion qui ne se trouve justifiée par l'autorité des écrivains militaires, français et étrangers, les plus renommés et les plus compétents, tels que Comines, Dubellay, Fleuranges, Brantôme, Montluc, Lanoue, Rabutin, Montgomery, Lesdiguières, Biron, Rohan, Spinola, Mansfeld, Georges Basta, Walhausen, Mello, etc., etc. En un mot, c'est un des livres les plus remarquables et les plus complets qui aient été publiés sur cette matière ; c'est le résultat honorable de plusieurs années d'études et de méditations.

En 1846, Louis-Napoléon, ayant appris que son père, malade depuis longtemps, touchait à sa fin, et qu'il ne formait qu'un vœu, n'avait qu'une pensée, le revoir et le serrer dans ses bras avant de quitter la vie, demanda l'autorisation d'aller recevoir ses derniers adieux, promettant qu'il reviendrait se constituer prisonnier. Il fut refusé. On espérait le forcer ainsi, cette fois, à solliciter sa grâce. On ne put ébranler sa détermination. Mais, indigné de la cruelle défiance d'un gouvernement auquel il s'était adressé avec tant de loyauté, il résolut de s'affranchir, lui-même, à tout prix, de cette captivité qui durait déjà depuis six ans.

Ses dispositions, prises avec la sagacité calculée qui le caractérise, et le moment qu'il attendait arrivé, il feint une indisposition, endosse un costume d'ouvrier, laisse dans son appartement son médecin, ami sûr, compagnon de sa captivité, le docteur Conneau, avec l'instruction de s'opposer, aussi longtemps que possible, à ce qu'aucune ronde, aucune visite, ne vienne troubler le prétendu malade; il descend dans les cours, passe avec un imperturbable sang-froid au milieu des gardiens et des soldats de service, et sort de la forteresse. — Son évasion était à peine découverte, qu'il avait déjà gagné la frontière.

Louis-Napoléon revint à Londres, où il continua ses études de prédilection. La révolution de février les interrompit.

A peine informé de ce grand événement, il se rendit en toute hâte à Paris, et vint mettre son patriotisme à la disposition du gouvernement auquel la France avait confié ses destinées. Il espérait qu'après une révolution aussi populaire, son nom ne serait plus une cause de proscription pour lui, et qu'il pourrait enfin servir la France. Ses vœux furent encore une fois trompés.

Le gouvernement provisoire manifesta la crainte que la présence, à Paris, d'un neveu de l'empereur, ne fût une cause d'embarras pour la république naissante.

Toujours dévoué au bonheur de sa patrie, Louis-Napoléon reprit volontairement le chemin de l'exil, à la seule pensée qu'en effet sa présence pourrait nuire à l'affermissement du gouvernement républicain.

La Nation s'empressa de réclamer contre la proscription dont quelques ambitieux qui se cachaient sous le manteau du républicanisme voulaient frapper le neveu de l'empereur. Deux cent mille suffrages, jetés deux fois successivement dans l'urne électorale des départements de l'intérieur et de celui de la Corse, prouvèrent que la France voulait que Louis-Napoléon lui fût rendu.

Cette manifestation éclatante ne suffit pas à la Commission du pouvoir exécutif. Elle se hâta de présenter à l'Assemblée Nationale le projet de décret suivant :

« Vu l'article 4 de la loi du 12 janvier 1816;

« Considérant que Charles-Louis-Napoléon est compris dans la loi de 1832, qui exile du territoire français la famille Bonaparte;

« Considérant que, s'il a été dérogé de fait à cette loi, par un vote de l'Assemblée Nationale, qui a admis trois membres de la famille Napoléon à faire partie de l'Assemblée Nationale, cette dérogation tout individuelle ne s'étend ni de droit, ni de fait, aux autres membres de la même famille ;

« Considérant que la France veut fonder en paix et en ordre le gouvernement républicain et populaire, sans être traversée dans cette œuvre par des prétentions dynastiques de nature à susciter des factions et à fomenter, même involontairement, la guerre civile ;

« Considérant que Charles-Louis-Napoléon a fait deux fois acte de prétendant, en rêvant une république avec un empereur; c'est-à-dire en rêvant une république dérisoire dans les termes du sénatus-consulte de l'an XII ;

« Considérant que ces agitations, symptômes de menées coupables, pourraient acquérir de la gravité, si, par négligence, imprudence ou faiblesse, le gouvernement ne maintenait ses droits ;

« Considérant que le gouvernement ne peut accepter la responsabilité des dangers que courraient la forme républicaine de nos institutions et la paix publique, s'il manquait au premier de ses devoirs et n'exécutait pas une loi existante, justifiée plus que jamais, pendant un temps déterminé, par la raison d'État et par le salut public ;

« La commission du pouvoir exécutif déclare qu'elle fera exécuter, en ce qui concerne Charles-Louis-Napoléon, la loi de 1832, jusqu'au jour où l'Assemblée Nationale aura prononcé l'abrogation de cette loi (1). »

L'Assemblée Nationale, indignée de l'a-

---

(1) *Moniteur* du 13 juin 1848.

charnement que l'on mettait à éloigner un homme dont la présence n'offrait aucun danger à la patrie, et que la patrie venait de réclamer d'une manière si incontestable, l'Assemblée Nationale repoussa le projet de décret et admit Louis-Napoléon (1).

Cependant l'élection du neveu de l'empereur avait produit une vive sensation. Mais, pendant que tout ce qu'il y avait d'honnête et de loyal dans la nation se réjouissait, les fauteurs de troubles et les mécontents de tous les partis avaient cherché à exploiter l'émotion générale à leur profit et pour la perte du nouvel élu.

Louis-Napoléon en avait été est informé; il avait écrit aussitôt au président de l'Assemblée Nationale la lettre suivante :

(1) *Moniteur* du 14 juin 1848.

Londres, 14 juin.

« Monsieur le Président,

« Je partais pour me rendre à mon poste, lorsque j'appris que mon élection servait de prétexte à des troubles déplorables, à des erreurs funestes. Je n'ai pas recherché l'honneur d'être élu représentant, parce que je soupçonnais l'injustice dont j'ai été l'objet; je récuse tous les soupçons, car je n'ambitionnais pas cette élection et encore moin le pouvoir.

« Si le peuple m'impose des devoirs, j saurai les remplir. Mais je désavoue tou ceux qui me prêteraient des intentions am bitieuses que je n'ai pas, et qui se seraien servis de mon nom pour fomenter des trou bles.

« Mon nom est avant tout un symbol

d'ordre, de nationalité, de gloire, et plutôt que d'être le sujet de troubles et de déchirements, j'aimerais mieux rester en exil.

« Ayez la bonté, monsieur le président, de faire connaître cette lettre à mes collègues.

« Agréez, etc. (1).

« Louis-Napoléon. »

Ces paroles si simples et si patriotiques ne purent désarmer quelques énergumènes, ennemis passionnés de Louis-Napoléon. Ils se soulevèrent contre lui dans l'Assemblée Nationale avec une fureur qui s'irritait de leur petit nombre même.

Une nouvelle lettre de Louis-Napoléon vint mettre un terme à ces débats, au grand désappointement de leurs auteurs.

(1) *Moniteur* du 16 juin 1848.

Londres, le 15 juin 1848.

« Monsieur le président,

« Je suis fier d'avoir été élu représentant du peuple à Paris et dans trois autres départements, c'était à mes yeux une ample réparation pour trente années d'exil et six ans de captivité ; mais les soupçons injurieux qu'a fait naître mon élection, mais les troubles dont elle a été le prétexte, mais l'hostilité du pouvoir exécutif, m'imposent le devoir de refuser cet honneur qu'on dit avoir été obtenu par l'intrigue. Je désire l'ordre et le maintien d'une république sage, grande, intelligente ; et puisque involontairement je favorise le désordre, je dépose, non sans de vifs regrets, ma démission entre vos mains.

« Bientôt, j'espère, le calme renaîtra et me permettra de rentrer en France comme le plus simple des citoyens, mais aussi comme un des plus dévoués au repos et à la prospérité de mon pays (1).

« *Signé* : Louis-Napoléon Bonaparte. »

La lecture de cette lettre produisit une impression indéfinissable; l'Assemblée accepta la démission, mais en stigmatisant toutes les calomnies, toutes les déclamations, toutes les ambitions qui s'étaient dressées contre le démissionnaire.

La Nation, ce juge suprême, protesta bientôt à son tour contre l'opinion qu'on avait voulu imposer à l'Assemblée Nationale au sujet du neveu de l'empereur, et trois cent mille suffrages, dans quatre départements, le proclamèrent, pour la troisième fois, représentant du peuple.

(1) *Moniteur* du 17 juin 1848.

Il n'était plus permis à Louis-Napoléon de refuser un tel mandat. Il se rendit à Paris et vint prendre sa place à l'Assemblée Nationale.

Son admission, cette fois, fut prononcée sans qu'une seule voix osât protester.

Louis-Napoléon demanda la parole, et, au milieu d'un profond silence, parla en ces termes :

« J'ai besoin d'exposer ici hautement, et dès le premier jour où il m'est permis de siéger parmi vous, les vrais sentiments qui m'animent.

« Après trente-quatre années de proscription et d'exil, je retrouve enfin ma patrie et mes droits de citoyen !

« La république m'a fait ce bonheur ; que la république reçoive ici mon serment de reconnaissance, mon serment de dévouement! Et que les généreux patriotes qui m'ont porté dans cette enceinte soient certains que je m'efforcerai de justifier leurs suffrages en travaillant avec vous au maintien de la tranquillité, ce premier besoin du pays, et au développement des institutions démocratiques que le peuple a droit de réclamer.

« Longtemps je n'ai pu consacrer à la France que les méditations de l'exil et de la captivité; aujourd'hui la carrière où vous marchez m'est ouverte. Recevez-moi dans vos rangs, mes chers collègues, avec le même sentiment d'affectueuse confiance que j'y apporte. Ma conduite, toujours inspirée par le devoir, toujours animée par le respect de la loi, ma conduite prouvera, à l'encontre des passions qui ont essayé de me noircir pour me proscrire encore, que nul ici plus que moi n'est résolu à se dévouer à la défense de l'ordre et à l'affermissement de la république (1). »

(1) *Moniteur* du 27 septembre 1848.

Ces paroles, simples et dignes, furent favorablement accueillies par l'Assemblée et ramenèrent à Louis-Napoléon la plupart de ceux-là même qu'on avait un moment fait ses adversaires.

L'Assemblée Nationale tout entière lui donna quelques jours après une preuve non douteuse de sa sympathie, en votant à l'UNANIMITÉ DES SUFFRAGES, le décret suivant, dernière condamnation du projet de décret présenté le 12 juin, que nous avons cité plus haut page 35.

« L'ARTICLE 6 DE LA LOI DU 8 AVRIL 1832, RELATIVE AU BANNISSEMENT DE LA FAMILLE BONAPARTE, EST ABROGÉ (1). »

Après cela, qui pourrait penser que Louis-Napoléon dût encore être attaqué dans le sein de l'Assemblée Nationale!...

Il le fut cependant le 25 octobre. Par res-

---

(1) Voir le *Moniteur* du 13 octobre 1848.

pect pour l'Assemblée Nationale, nous tairons ici les noms des deux représentants qui osèrent ce jour là manquer aussi gravement à la Nation et à l'Assemblée Nationale. Nous nous bornerons à citer ce que Louis-Napoléon leur répondit :

« Citoyens représentants, dit-il, l'incident regrettable qui s'est élevé hier à mon sujet ne me permet pas de me taire.

« Je déplore profondément d'être obligé de parler encore de moi, car il me répugne de voir sans cesse porter devant l'Assemblée des questions personnelles, alors que nous n'avons pas un moment à perdre pour nous occuper des graves intérêts de la patrie.

« Je ne parlerai point de mes sentiments ni de mes opinions; je les ai déjà manifestés devant vous, et jamais personne n'a pu encore douter de ma parole.

« Quant à ma conduite parlementaire, de même que je ne me permettrai jamais de demander à aucun de mes collègues compte de celle qu'il croira devoir tenir, de même je ne reconnais à aucun d'eux le droit de m'interpeller sur la mienne. Ce compte, je ne le dois qu'à mes commettants.

« De quoi m'accuse-t-on? D'accepter du sentiment populaire une candidature que je n'ai point recherchée. Eh bien! oui, je l'accepte, cette candidature qui m'honore; je l'accepte, parce que trois élections successives et le décret unanime de l'Assemblée Nationale contre la proscription de ma famille m'autorisent à croire que la France regarde le nom que je porte comme pouvant servir à la consolidation de la société ébranlée jusque dans ses fondements, à l'affermissement et à la prospérité de la république.

Que ceux qui m'accusent d'ambition connaissent peu mon cœur! Si un devoir impérieux ne me retenait pas au milieu de vous, si la sympathie de mes concitoyens ne me consolait pas de l'animosité de quelques attaques et de l'impétuosité même de quelques défenses, il y a long-temps que j'aurais regretté l'exil.

« On me reproche mon silence ! Il n'est donné qu'à peu de personnes d'apporter ici une parole éloquente au service d'idées justes et saines. N'y a-t-il donc qu'un seul moyen de servir son pays ? Ce qu'il lui faut, surtout, ce sont des actes; ce qu'il lui faut, c'est un gouvernement ferme, intelligent et sage, qui pense plus à guérir les maux de la société qu'à les venger, un gouvernement qui se mette franchement à la tête des idées vraies pour repousser ainsi, mille fois mieux que par les baïonnettes, des théories qui ne sont pas fondées sur l'expérience et la raison.

« Je sais qu'on veut semer mon chemin d'écueils et d'embûches; je n'y tomberai pas. Je suivrai toujours, comme je l'entends, la ligne que je me suis tracée, sans m'inquiéter, sans m'irriter. Rien ne m'ôtera mon calme, rien ne me fera oublier mes devoirs. Je n'ai qu'un but, c'est de mériter l'estime de l'Assemblée, et, avec cette estime, celle de tous les hommes de bien, et la confiance de ce peuple magnanime qu'on a si légèrement traité hier.

« Je déclare donc à ceux qui voudraient organiser contre moi un système de provocation, que dorénavant je ne répondrai à aucune interpellation, à aucune excitation, qui voudraient me faire parler quand je veux me taire; et, fort de ma conscience, je resterai inébranlable contre toutes les attaques, impassible contre toutes les calomnies. (Très-bien! très-bien!) (1) »

L'Assemblée tout entière accueillit ce discours par ses acclamations.

(1) *Moniteur* du 27 octobre 1848.

Tel est l'homme, tel est le citoyen, qui se présente aux suffrages de la nation comme candidat à la présidence de la république.

S'il était nommé, la France verrait se réaliser, nous en avons la profonde conviction, ce programme de la vraie république :

Ordre au dedans, — paix au dehors, — dignité partout.

Nous croyons devoir ajouter à cette courte notice, par ordre de date, une série d'extraits aussi courts que possible des principaux ouvrages de Louis-Napoléon; ils mettront nos lecteurs à même de juger cette intelligence remarquable, et de la suivre dans ses progrès.

EXTRAITS DES OUVRAGES

DE

LOUIS NAPOLÉON.[1]

RÊVERIES POLITIQUES.

(PUBLIÉES EN 1832.)

Chacun se fait un beau idéal du gouvernement, croyant telle ou telle forme mieux

---

(1) Nouvelle édition. Paris, 36, rue Neuve-des-Petits-Champs.

appropriée à la France ; cependant la conséquence des principes de liberté est de reconnaître qu'au-dessus des convictions partielles il y a un juge suprême qui est le peuple. C'est à lui de décider de son sort, c'est à lui de mettre d'accord tous les partis, d'empêcher la guerre civile et de proclamer hautement et librement sa volonté suprême. Voilà le point où doivent se rencontrer tous les bons Français, de quelque parti qu'ils soient, tous ceux qui veulent le bonheur de la patrie et non simplement le triomphe particulier de leurs doctrines. Que ceux des carlistes qui suivent les idées généreuses de Chateaubriand, que ceux des orléanistes qui ne sont pas irrémédiablement enchaînés à des intérêts de personne et de famille, que tous les républicains et les napoléonistes se réunissent devant l'autel de la patrie pour attendre la décision du peuple ; alors nous présenterons à l'Europe le spectacle imposant d'une grande nation qui se régénère sans excès et qui marche à la liberté sans désordre.

(T. I, p. 14.)

CONSIDÉRATIONS POLITIQUES ET MILITAIRES SUR LA SUISSE.
(PUBLIÉES EN 1833.)

Suivant les besoins du moment, les hommes tournent leurs regards ou vers le passé ou vers l'exemple d'un peuple étranger. S'ils se bornaient à n'imiter chez leurs voisins que les institutions, qui peuvent leur convenir, ils ne suivraient en cela que les lois de la sagesse; mais trop souvent, quand on copie, on adopte jusqu'aux défauts. En 1815, en France, on ne rêvait que le gouvernement anglais; aujourd'hui on ne rêve que le gouvernement américain, quoique nous ne soyons ni Anglais ni Américains. Nous ne sommes pas Anglais, parce que depuis 89 nous n'avons plus d'aristocratie, parce que nous ne sommes pas entourés d'une mer qui à elle seule protége notre indépendance, parce que nous n'avons ni les mêmes mœurs, ni le même climat, ni le même caractère, ni les mêmes qualités, ni les mêmes défauts, ni par conséquent les mêmes besoins. Nous ne sommes pas non plus Américains, parce que nous sommes trente-deux millions d'hommes sur vingt mille lieues carrées, tandis que les États-Unis d'Amérique n'ont que dix millions sur deux cent quatre-vingt mille lieues carrées; parce que l'Amérique est un pays neuf, où les terres à exploiter sont immenses et où toutes les difficultés se portent vers le commerce et l'agriculture; parce qu'elle n'a pas ces populations industrielles dont l'existence précaire est un sujet de crainte et de difficulté pour tout gouvernement en France, ni ces partis acharnés qui, oubliant qu'ils sont fils d'une même patrie, se haïssent mortellement et ébranlent sans cesse le gouvernement pour le remplacer par un autre plus en rapport avec leurs opinions et leurs intérêts; parce qu'enfin les États-Unis n'ont pas autour d'eux des voisins inquiets et redoutables qui hérissent de baïonnettes leurs frontières dès que le mot de liberté a retenti à leurs oreilles.

(T. I, p. 35.)

Ce qu'il nous faut en France, c'est un gouvernement qui soit en rapport avec nos besoins, notre nature et notre condition d'existence. — Nos besoins sont l'égalité et la liberté; notre nature, c'est d'être les ardents promoteurs de la civilisation; notre condition d'existence est d'être forts, afin de défendre notre indépendance. Ainsi donc, pour être libres, indépendants et forts, il nous faut un pouvoir national, c'est-à-dire un pouvoir dont les éléments se retrempent dans le peuple, seule source de tout ce qui est grand et généreux.

(T. I, p. 37.)

La stabilité fait seule le bonheur d'un peuple : sans confiance dans l'avenir, point d'esprit vital dans la société, point de commerce, point d'entreprises bienfaisantes : les masses souffrent de la stagnation de tous les éléments de prospérité, qui sont arrêtés par la crainte d'un bouleversement prochain.

Mais quel est le moyen d'acquérir cette stabilité?... Il existe des moments de transition d'un progrès à un autre, des nécessités de changement pour détruire les abus et pour remettre les lois en rapport avec les exigences du jour.

A ces moments de transition, qui décidera des nouvelles exigences du changement? qui décidera des différentes formes de gouvernement? — Le peuple! qui est le plus juste et le plus fort de tous les partis; le peuple, qui abhorre autant les excès que l'esclavage; le peuple, qu'on ne peut jamais corrompre et qui a toujours le sentiment de ce qui lui convient.

(T. I, p. 43.)

EXTINCTION DU PAUPÉRISME.
(PUBLIÉ EN 1838.)

Aujourd'hui le règne des castes est fini; on ne peut gouverner qu'avec les masses : il faut donc les organiser pour qu'elles puissent formuler leurs volontés, et les discipliner pour qu'elles puissent être dirigées et éclairées sur leurs propres intérêts.

Gouverner, ce n'est plus mener les peuples par la force et la violence, c'est les conduire vers un meilleur avenir en faisant appel à leur raison et à leur cœur.

Mais, comme les masses ont besoin d'être instruites et moralisées, et qu'à son tour l'autorité a besoin d'être contenue, et, en même temps, éclairée sur les intérêts du grand nombre, il est de toute nécessité qu'il y ait dans la société deux mouvements également puissants : une action du pouvoir sur la masse et une réaction de la masse sur le pouvoir. Or, ces deux influences ne peuvent fonctionner sans choc qu'au moyen d'intermédiaires qui possèdent à la fois la confiance de ceux qu'ils représentent et la confiance de ceux qu'ils gouvernent. Ces intermédiaires auront la confiance des premiers dès qu'ils seront librement élus par eux; ils mériteront la confiance des seconds dès qu'ils rempliront dans la société une place importante; car on peut dire, en général, que l'homme est ce que la fonction qu'il remplit l'oblige d'être.

(Page 17, 3ᵉ édit.)

La pauvreté ne sera plus séditieuse lorsque l'opulence ne sera plus oppressive. Les oppositions disparaîtront et les prétentions surannées qu'on attribue, à tort ou à raison, à quelques hommes, s'évanouiront alors, comme les *folles brises* qui rident la surface des eaux sous l'équateur s'évanouissent en présence du *vent réel* qui vient enfler les voiles et faire marcher le navire.

Dans l'avant-dernier siècle, La Fontaine émettait cette sentence, souvent trop vraie et cependant si triste, si destructive de toute société, de tout ordre, de toute hiérarchie :

« *Je vous le dis en bon français, notre ennemi, c'est notre maître!* »

Aujourd'hui le but de tout gouvernement habile doit être de tendre, par ses efforts, à ce qu'on puisse dire bientôt : *Le triomphe du christianisme a détruit l'esclavage; le triomphe de la révolution française a détruit le servage; le triomphe des idées démocratiques a détruit le paupérisme.*

(Page 52.)

IDÉES NAPOLÉONIENNES.
(PUBLIÉES EN 1839.)

La liberté est comme un fleuve ; pour qu'elle porte l'abondance et non la dévastation, il faut qu'on lui creuse un lit large et profond. Si, dans son cours régulier et majestueux, elle reste dans ses limites naturelles, les pays qu'elle traverse bénissent son passage ; mais si elle vient comme un torrent qui déborde, on la regarde comme le plus terrible des fléaux ; elle éveille toutes les haines, et l'on voit alors des hommes, dans leur prévention, repousser la liberté parce qu'elle détruit, comme si l'on devait bannir le feu parce qu'il brûle, et l'eau parce qu'elle inonde.

(T. I, p. 92.)

La liberté n'était pas, dit-on, assurée par

les lois impériales. Son nom n'était pas, il est vrai, en tête de toutes les lois, ni affiché à tous les carrefours; mais chaque loi de de l'empire en préparait le règne paisible et sûr.

Quand, dans un pays, il y a des partis acharnés les uns contre les autres, des haines violentes, il faut que ces partis disparaissent, que ces haines s'apaisent, avant que la liberté soit possible.

Quand, dans un pays démocratisé comme l'était la France, le principe d'égalité n'est pas appliqué généralement, il faut l'introduire dans toutes les lois avant que la liberté soit possible.

Lorsqu'il n'y a plus ni esprit public, ni religion, ni foi politique, il faut recréer au moins une de ces trois choses, avant que la liberté soit possible.

Lorsque des changements successifs de constitution ont ébranlé le respect dû à la loi, il faut recréer l'influence légale, avant que la liberté soit possible.

Lorsque les anciennes mœurs ont été détruites par une révolution sociale, il faut en recréer de nouvelles d'accord avec les nouveaux principes, avant que la liberté soit possible.

Quand le gouvernement, quelle que soit sa forme, n'a plus ni force ni prestige, que l'ordre n'existe ni dans l'administration ni dans l'État, il faut recréer le prestige, rétablir l'ordre, avant que la liberté soit possible.

Lorsque, dans un pays, il n'y a plus d'aristocratie et qu'il n'y a d'organisé que l'armée, il faut reconstituer un ordre civil basé sur une organisation précise et régulière, avant que la liberté soit possible.

Enfin, lorsqu'un pays est en guerre avec ses voisins et qu'il renferme encore dans son sein des partisans de l'étranger, il faut vaincre ses ennemis et se faire des alliés sûrs, avant que la liberté soit possible.

Il faut plaindre les peuples qui veulent récolter avant d'avoir labouré le champ, ensemencé la terre et donné le temps à la plante de germer, d'éclore et de mûrir.

Le gouvernement de Napoléon, plus que tout autre, aurait pu supporter la liberté, parce que Napoléon avait établi en France tout ce qui doit précéder la liberté, parce que son pouvoir reposait sur la masse entière de la Nation, parce que ses intérêts étaient les mêmes que ceux du peuple, parce qu'enfin la confiance la plus entière régnait entre les gouvernants et les gouvernés.

(T. I, p, 93.)

Il y a trois manières d'envisager les rapports de la France avec les gouvernements étrangers. Elles se formulent dans les trois systèmes suivants :

Il y a une politique aveugle et passionnée qui voudrait jeter le gant à l'Europe et détrôner tous les rois.

Il y en a une autre qui lui est entièrement opposée et qui consiste à maintenir la paix en achetant l'amitié des souverains aux dépens de l'honneur et des intérêts du pays.

Enfin, il y a une troisième politique qui offre franchement l'alliance de la France à tous les gouvernements qui veulent marcher avec elle dans les intérêts communs.

Avec la première, il ne peut y avoir ni paix ni trêve; avec la seconde, il n'y a pas de guerre, mais aussi point d'indépendance; avec la troisième, pas de paix sans honneur, pas de guerre universelle.

(T. I, p. 139.)

Le génie de notre époque n'a besoin que de la simple raison. Il y a trente ans, il fallait deviner et préparer; maintenant, il ne s'agit que de voir juste et de recueillir. On ne saurait copier ce qui s'est fait, parce que les imitations ne produisent pas toujours les ressemblances. En lisant l'histoire des peuples, il faut en tirer des principes généraux, sans s'astreindre servilement à suivre pas à pas une trace.... Copier dans les détails, au lieu de copier dans son esprit un gouvernement passé, ce serait agir comme un général qui, se trouvant sur un champ de bataille où vainquit Napoléon ou Frédéric, voudrait s'assurer le succès en répétant les mêmes manœuvres!

(T. I, p. 164.)

MÉLANGES.
(PUBLIÉS EN 1843.)

Notre opinion a toujours été que, malgré ses dangers, une politique grande et généreuse convenait seule à notre patrie, car l'honneur est toujours le meilleur guide; et, en 1830, la force morale étant tout en notre faveur, il eût été facile à la France de reprendre en Europe le rang qui lui appartenait; mais aussi nous avouons que la politique de la paix avait son beau, même son glorieux côté. L'histoire nous eût pardonné de baisser momentanément la tête devant les étrangers, à condition de développer toutes les ressources de la France, de moraliser, d'instruire, d'enrichir le peuple. C'était un but immense d'habituer la Nation à la véritable liberté, en créant une administration loyale, probe et juste, qui eût rejeté loin d'elle les errements des gouvernements passés, qui croyaient ne pouvoir contrebaancer les institutions libérales qu'en dominant les masses par l'intimidation et en gagnant les chefs par la corruption.

C'était un but immense de discipliner la démocratie et d'accélérer son règne paisible en marquant à chacun sa place, en fixant ses devoirs et lui donnant des droits, ce qui lui donnait un intérêt dans la communauté et une propriété dans l'État. C'était un but immense d'assurer la tranquillité du foyer domestique et de retremper les caractères en élargissant les garanties qui protégent la liberté individuelle, en réunissant les hommes par l'association, en leur apprenant que la véritable indépendance est la soumission à une loi consentie par tous.

C'était un but immense de chercher, par tous les moyens, d'extirper le paupérisme, de diminuer les charges accablantes du pauvre, de réveiller partout l'activité bienfaisante des citoyens, en récompensant le mérite et la vertu, en repoussant et châtiant le vice.

C'était enfin un but immense de rendre toute nouvelle révolution impossible en satisfaisant les intérêts généraux, de ménager les ressources du pays et d'organiser ses forces, de manière qu'au jour du danger la France eût montré au monde le spectacle imposant d'une nation indomptable par l'union de ses enfants, par l'accumulation de ses richesses, par la vigueur de ses institutions.

(*Progrès du Pas-de-Calais*, 26 juin 1843.)

On voit rarement en place des hommes spéciaux. Il résulte de ce désordre un affaiblissement notable de toutes les ressources de la France.

L'agriculture est grevée d'hypothèques et très-arriérée dans la plus grande partie du territoire. . . . .

Toutes les industries de la France souffrent, parce qu'on a témérairement baissé les tarifs qui les protégeaient contre la concurrence étrangère.

Le commerce intérieur n'a pas atteint le développement qu'il devrait avoir, parce que l'aisance générale n'a pas augmenté en proportion de l'accroissement de la population, et que les voies de communication sont trop mauvaises, ou trop rares, ou trop coûteuses.

Le commerce extérieur, qui est l'emploi du surplus des produits de l'agriculture et de l'industrie, languit également, parce que l'agriculture, source première de la richesse, est obérée, et parce que l'ascendant moral de la France à l'étranger diminue journellement. Une nation n'achète que lorsqu'elle est riche; elle ne trouve à vendre sur les marchés du monde que lorsqu'elle est forte et respectée.

Donnons quelques preuves de l'habileté et du patriotisme du gouvernement.

Il y a en France, d'après la statistique agricole, 2,802,867 chevaux. Le nombre annuel d'élèves poulains se monte à 348,819. Eh bien! le ministère ne trouve pas dans ce nombre de quoi fournir les 6,000 chevaux qu'exige annuellement la remonte de l'armée, et il achète des chevaux à l'Angleterre ou à l'Allemagne, qui reviennent à 700 fr. par tête!

Nous avons une population surabondante qui demande du travail, et l'on emploie pour la construction des chemins de fer des ouvriers anglais. On n'a pas encore trouvé, en utilisant le territoire immense de l'Algérie, le moyen de détruire le paupérisme en France.

Lorsque, dans la société, un mal organique se révèle, au lieu d'en rechercher la cause pour l'extirper, le gouvernement se contente d'en supprimer l'effet apparent. Ainsi, il n'a trouvé rien de mieux, pour soulager la misère du peuple, que de promulguer la fameuse loi sur le travail des enfants dans les manufactures. Or, qu'est-il arrivé dans la plupart des villes manufacturières? C'est que les fabricants, ne trouvant plus le même avantage dans le travail des enfants, ne les ont plus employés, et les familles pauvres, qui vivaient en partie du travail de leurs enfants, ont vu pour eux cette ressource se tarir et leur misère s'accroître. Certes, il est cruel de voir des êtres chétifs et faibles plier, dès l'âge le plus tendre, sous le poids du travail; mais il est encore plus pénible de les voir succomber à la faim. Tant qu'on n'aura pas remédié radicalement au vice qui ronge l'industrie, ce qui semble un paradoxe sera une vérité, c'est-à-dire que *l'ouvrier sera obligé de mourir de faim pour vivre.*

Tous ces maux, dont nous n'avons énuméré qu'une faible partie, viennent de ce qu'à la tête de la société il n'y a ni grande conception, ni unité, ni connaissances spéciales. Les intérêts moraux, comme les intérêts matériels, sont sacrifiés à des besoins obscurs et des passions sordides. Au lieu de creuser un lit aux fleuves qui débordent et inondent nos campagnes, au lieu d'élever des digues contre le fléau sans cesse renaissant, c'est contre l'esprit d'indépendance qu'on élève des barrières, c'est de la liberté qu'on creuse le tombeau. Tous les trésors de la France sont gaspillés, tout ce qu'elle a de forces vitales est dépensé en pure perte.

(*Progrès du Pas-de-Calais*, 19 novembre 1843.)

ÉTUDES SUR LE PASSÉ ET L'AVENIR DE L'ARTILLERIE.

(Ier VOLUME, PUBLIÉ EN 1846.)

INTRODUCTION.

Il y a plus de cinq siècles que les armes à feu parurent pour la première fois en Europe. Depuis cette époque, le perfectionnement de ces armes n'a pas cessé d'être l'objet des travaux de la science et de la sollicitude des gouvernements.

Quelle est la série des progrès réalisés jusqu'à nos jours dans l'art de lancer des projectiles au moyen de la poudre?

Quelle influence ces progrès ont-ils exercée sur l'art de la guerre et sur la société elle-même?

Par quels moyens ont-ils été obtenus?

Enfin, quels sont les progrès réalisables dans un avenir prochain?

Telles sont les questions que je me suis proposé de traiter.

On ne peut décrire les différentes phases d'un art sans faire en quelque sorte l'histoire de la civilisation ; car tout se tient dans le savoir humain, et chacune de ses conquêtes a besoin du concours de toutes les autres.

Pour donner au matériel de l'artillerie une

construction convenable, il fallait pouvoir diriger cette construction d'après les lois de la mécanique, de la physique, de la chimie, de la balistique ; il fallait, par conséquent, avoir découvert et formulé ces lois. Pour arriver à introduire dans ce grand attirail de machines l'uniformité, la simplicité, la régularité, l'ensemble nécessaires, il fallait que les gouvernements eux-mêmes eussent conquis et fondé l'unité, cette cause principale et féconde du progrès.

Les inventions trop au-dessus de leur époque restent inutiles jusques au moment où le niveau des connaissances générales est parvenu à les atteindre. Ainsi, quel avantage pouvait présenter une poudre plus vive et plus puissante, quand le métal des canons n'était pas capable de résister à l'action de cette poudre? De quel usage pouvaient être les boulets creux, tant qu'on n'avait pas rendu leur chargement facile, exempt de danger, et leur explosion certaine? A quo pouvait servir, dans l'attaque des places, le tir à ricochet proposé par des ingénieurs italiens du XVIe siècle, et employé plus tard avec tant de succès par Vauban, lorsque la fortification, encore dans l'enfance, offrait moins de lignes ricochables que la fortification actuelle? Comment les essais d'artillerie à cheval, tentés au XVIe siècle, pouvaient-ils réussir, lorsque les conséquences de la rapidité des mouvements sur les champs de bataille étaient si peu senties que la cavalerie ne chargeait qu'au trot? Il existe donc une dépendance mutuelle qui oblige nos inventions à s'appuyer les unes sur les autres, à s'attendre en quelque sorte. Une idée surgit, elle reste à l'état de problème pendant des années, des siècles même, jusqu'à ce qu'enfin des modifications successives lui permettent d'entrer dans le domaine de la pratique. On ne verra pas sans intérêt, que, depuis plusieurs siècles selon toute probabilité, la poudre à canon était employée comme artifice avant le jour où sa force motrice fut découverte, et que cette force une fois reconnue, il fallut bien du temps encore pour rendre son application facile et générale. C'est que la civilisation ne procède point par bonds; elle suit une marche plus ou moins prompte, mais toujours régulière et graduée. Il y a filiation dans les idées comme dans les hommes, et les progrès humains ont une généalogie dont on peut suivre les traces à travers les siècles, comme on remonte vers la source oubliée des grands fleuves.

C'est cette généalogie que je me suis appliqué à décrire, et, la marche du progrès une fois bien constatée, j'ai cru sans trop de présomption pouvoir, en suivant son développement logique, indiquer quelle doit être sa direction future.

Les armes à feu, je ne suis pas le premier à le dire, ont contribué à faire renaître la tactique et la stratégie, à relever l'autorité royale, à réduire les grands vassaux et à créer la grande unité française. Ce fut l'action de l'arme sur la société; puis est venue la réaction de la société sur l'arme; et le pouvoir central fortifié, les vrais principes de l'art de la guerre rétablis, ont à leur tour exercé une grande influence sur la construction et l'emploi des armes à feu.

Mais toutes ces modifications furent très-lentes à se produire. L'artillerie à feu, comme tout ce qui tient à notre humanité, n'a pas grandi en un jour. Son enfance a duré un siècle. Pendant ce temps, elle fut employée de concert avec les anciennes armes de jet, avec lesquelles elle lutta quelquefois avec avantage, mais souvent avec infériorité.

L'artillerie, dispendieuse par sa nature, appartint d'abord aux villes et aux châteaux, parce qu'au XIVe siècle les villes et les châteaux étaient plus riches et plus puissants que les rois. En 1415, on voit encore Charles VI prier ses bonnes villes de vouloir bien lui prêter les engins, canons et artilleries qu'elles pourraient avoir, afin de résister aux Anglais, leur promettant de les leur rendre quand le danger serait passé (Monstrelet). Sous Charles VII, seulement, l'artillerie devint l'arme de la royauté.

Il n'est point vrai, comme on s'est plu à le dire, que la chevalerie ait éprouvé de l'aversion pour les armes à feu. Le savant M. Lacabane a établi récemment, par un vieux titre qu'il a découvert, que, dès 1339, un noble chevalier, le seigneur de Cardaillac, fabriqua lui-même les dix canons nécessaires à la défense de Cambrai, et que la poudre avait été faite par l'écuyer Étienne Morel. D'ailleurs, même avant l'adoption des armes à feu, les armées féodales tenaient beaucoup à leurs machines, car on voit saint Louis, dans le traité qu'il fit avec le soudan pour la reddition de Damiette, stipuler par un article à part qu'on lui rendra ses dix-huit engins (Joinville).

Or, si la chevalerie tenait tant à des machines peu perfectionnées, pourquoi eût-elle méprisé des armes meilleures et plus efficaces?

Quelques auteurs ont prétendu que Duguesclin avait témoigné son aversion pour l'artillerie à feu en refusant, en 1369, au siége d'une abbaye en Périgord, des canons qu'on lui offrait; si ces auteurs avaient lu avec attention la *Chronique rimée* de Cuvélier, le document le plus authentique que nous ayons sur le héros breton, ils auraient vu que Duguesclin ne refusa pas des canons, mais des engins; or, sous ce nom, les chroniqueurs du XIVe siècle ne désignaient pas en général les armes à feu, mais des machines à contre-poids; ils donnaient aux premières les noms spéciaux de canons, bombardes ou *engins à poudre*. D'ailleurs, quel que soit le sens qu'on donne au mot engin, cet exemple ne prouverait encore rien, car l'année précédente, c'est-à-dire en 1368, Duguesclin avait lui-même dirigé les engins dressés devant Tarascon, et Cuvélier nous apprend qu'il alla trouver les ingénieurs :

> Et dit aux geteours : « Faites et si getez,
> Nous averons la ville, si croire me volez. »

Quant à Bayard et à Montluc, qu'on cite comme ayant dédaigné les armes à feu, je prouverai qu'avant eux aucun capitaine n'en fit un aussi judicieux emploi.

Je tâcherai de démontrer qu'il n'existait plus, au moyen âge, d'artillerie névrobalistique; car on entend par ces mots les machines qui avaient pour moteurs de torsion des câbles de nerfs. A cette époque, la baliste et la catapulte des Romains n'étaient plus en usage, et les machines employées dans les siéges n'étaient pas capables de faire brèche à des murs tant soit peu épais.

Il n'est point vrai non plus que les fusées volantes aient été employées dès les premiers siècles de l'introduction de l'artillerie à feu; on a été induit en erreur par les mots d'*engins volants*, de *rochette* et même de *fusée*. Les engins volants, bien loin d'être des fusées volantes, étaient des machines à contre-poids qui lançaient des pierres, et on entendait par rochette ou fusée des flèches à feu. J'ai même été assez heureux pour trouver la date exacte de l'importation des fusées volantes en France, innovation qui eut lieu en 1432, mais qui resta longtemps encore sans application réelle.

Dans un grand nombre d'ouvrages, et entre autres dans les traités de Mauvillon et de Carrion de Nisas, on signale l'abandon des armes défensives comme un des effets les plus remarquables de la poudre à canon. Je ne partage nullement cette opinion; je crois que la difficulté de se procurer des armes en grand nombre, et surtout le besoin de rendre l'infanterie plus mobile, ont seuls causé ce changement partiel. Je montrerai, en effet, que les hommes de guerre, au moyen âge, ne pouvaient se procurer qu'avec peine des armures entières; la cavalerie allemande, d'après Machiavel, n'en avait jamais de complètes. Je rappellerai que si l'homme d'armes était suivi de six à sept satellites, lui seul était entièrement couvert de fer; que, sous Louis XII, Guicciardin nous apprend que le roi appelait une grande armée celle où il comptait seize cents lances ou hommes d'armes, tandis que de nos jours nous avons vu sur un champ de bataille jusqu'à huit mille cuirassiers. D'un autre côté, les masses d'hommes de pied que les chevaliers croisés emmenèrent à la conquête de la terre sainte n'avaient point d'armes défensives, et ils ne pouvaient pas en avoir à cause de leur grand nombre; si, au XIVe et au XVe siècle, en France, en Espagne, en Italie, les fantassins ont été couverts de corselets ou de plastrons rembourés d'étoupe, la meilleure infanterie de cette époque, c'est-à-dire les archers anglais, les Suisses et les lansquenets, n'avaient pour la plupart point d'armures défensives. A Azincourt, les archers anglais, d'après un témoin oculaire, Lefèvre de Saint-Remy, étaient sans armures et nu-pieds; à Marignan, les Suisses, pour être plus libres dans leurs mouvements, jetèrent leurs bonnets, leurs chapeaux et même leurs souliers. (*Vie du connétable de Bourbon.*) L'armure de fer plus ou moins complète a donc toujours été, sauf quelques exceptions, le propre de la grosse cavalerie, et il en est encore de même.

Je suis loin d'avoir la prétention de ne pas m'être trompé; mais au moins mes lecteurs pourront vérifier eux-mêmes mes assertions, car j'appuie tout ce que j'avance par de nombreuses citations. Quand on parle d'une époque obscure du passé, on ne saurait prétendre être cru sur parole; il ne suffit même pas d'indiquer la source où l'on a puisé ses renseignements, il faut, pour les choses importantes, donner le texte même : souvent le lecteur peut interpréter d'une manière différente le passage sur lequel on fonde son raisonnement.

Je n'ai pas voulu faire un roman, mais

une histoire consciencieuse; et, tout en étudiant avec amour l'artillerie dans ses origines et ses effets, j'ai cherché à ne pas exagérer les résultats généraux qu'elle a produits. Le rôle qu'elle a joué dans les batailles où s'est décidé le sort des nations, le rôle qu'elle a joué dans les siéges où le pouvoir central était sans cesse aux prises avec la féodalité, la part qui lui revient dans les progrès de la civilisation, dans l'application des sciences les plus diverses, sont des faits que j'ai cru suffisant d'indiquer à leur place pour les faire apprécier à leur juste valeur.

Quoique l'artillerie de campagne n'ait été réellement séparée de l'artillerie de siége que par Gribeauval, je me suis vu forcé de séparer, dès le principe, l'histoire de ces deux branches, parce que l'emploi de l'artillerie sur les champs de bataille n'a aucun rapport avec l'emploi de l'artillerie dans l'attaque ou la défense des places, et que l'influence de l'arme a été bien différente dans les deux cas.

L'artillerie fit des progrès rapides dans la guerre de siége, et son influence y fut souveraine, tandis que, sur les champs de bataille, une foule d'éléments divers agirent simultanément sur l'armement, l'ordonnance et les mouvements des troupes.

Après avoir constaté les faits relatifs à l'artillerie de campagne, j'ai voulu remonter aux causes des transformations si diverses et si nombreuses qu'on a trop exclusivement attribuées à l'artillerie. J'ai cherché à expliquer pourquoi les hommes d'armes qui, montés sur de grands chevaux bardés de fer comme eux, régnèrent si longtemps en maîtres sur les champs de bataille, furent obligés de se faire infanterie et de combattre à pied pendant cent cinquante ans; pourquoi ils remontèrent à cheval; pourquoi ils quittèrent la lance et adoptèrent les armes à feu avec plus d'empressement que l'infanterie; pourquoi enfin la cavalerie abandonna l'ordre mince pour l'ordre profond et revint ensuite à l'ordre mince. J'ai cherché à expliquer pourquoi l'infanterie, assez compacte au commencement du XIVe siècle, se disposa bientôt en lignes sans profondeur, pour adopter, dès la fin du XVe siècle, un ordre profond qui, à partir du XVIe siècle, a été en diminuant jusqu'à nos jours; pourquoi enfin elle abandonna successivement l'arc, la pique, l'arquebuse, le mousquet, jusqu'à l'adoption du fusil à baïonnette, invention qui lui permit d'agir à la fois comme arme de jet et arme de choc.

Les causes de tous ces changements sont intéressantes à approfondir, parce que cette investigation montre toujours quel était, aux différentes époques, l'élément prédominant dans les batailles; car l'organisation des armées n'a jamais été le résultat d'une théorie préconçue d'une manière plus ou moins scientifique, mais la conséquence forcée des nécessités qui, dans le moment, se faisaient le plus impérieusement sentir.

Ainsi, au XIVe siècle, tout cède devant

l'homme d'armes à cheval, mais aussi tout change pour lui résister; au XVᵉ siècle, tout se transforme pour résister à l'archer; au XVIᵉ, tout se modifie pour résister aux gros bataillons de piquiers; enfin vient le règne du canon, qui domine tous les ordres de bataille et force infanterie et cavalerie à obéir à ses lois.

C'est surtout en parlant de l'artillerie qu'on peut dire avec vérité qu'une petite cause produit quelquefois de grands effets. Ainsi, la substitution des boulets de fer aux boulets de pierre, l'invention des affûts sur roues et des avant-trains, le mode d'attelage, l'adoption des charges faites d'avance, la position des boulets creux dans l'âme de la pièce, le tir à ricochet dans l'attaque des places, l'organisation de l'artillerie à cheval, enfin une foule d'autres améliorations, minimes en elles-mêmes, ont toutes exercé de l'influence, non-seulement sur l'art de la guerre, mais encore sur les destinées des peuples.

En examinant les différentes phases que l'art a dû parcourir avant d'arriver au système d'artillerie simple et efficace que nous possédons aujourd'hui, on restera convaincu que le progrès a deux ennemis redoutables : les innovations imprudentes et la routine. On verra de tout temps se produire des systèmes ou des inventions absurdes. Ainsi, au XVe siècle, les Anglais menèrent à la suite de leurs armées une grande charrue traînée par 50 chevaux, qui devait, d'un seul coup, ouvrir la tranchée autour des places comme on creuse un sillon. Dès le XIVe siècle, il y avait des espèces d'orgues à trois étages tirant 140 balles à la fois. Sous Louis XII, on construisit à grands frais une espèce de parapet en bois muni d'arquebuses et de lances, afin d'entourer toute l'armée quand elle campait, tout juste comme on parque des moutons. On verra des bouches à feu de toutes les dimensions; des projectiles de toutes les sortes, depuis les bombardes, lançant un boulet de 700 kilogrammes, jusqu'aux serpentines de 10 mètres de longueur, lançant une balle de 15 grammes; puis les canons à parasouffles de l'an XI, et enfin les canons à vapeur, tels qu'ils ont été proposés de nos jours.

Tout ce qui est compliqué n'a jamais produit de bons résultats à la guerre, et les prôneurs de systèmes oublient toujours que le but du progrès doit être d'obtenir le plus grand effet possible avec le moins d'effort et de dépense.

D'un autre côté, la routine, amoureuse des vieilles pratiques, a conservé pendant des siècles les usages les plus stupides. Qui croirait, par exemple, que les pots de chaux vive, préconisés par Végèce au IVe siècle de notre ère, et par l'empereur Léon au IXe siècle, comme moyen d'aveugler les assaillants, soient restés en usage dans les siéges jusqu'au XVIe siècle? Qui croirait que les propriétés miraculeuses qu'on attribuait, dès le XIIe siècle, au mercure ou vif-argent dans les compositions des projectiles incendiaires, soient restées en honneur chez les artificiers jusqu'à la fin du règne de Louis XIV? Jusqu'à cette époque, on ne construisait pas un pétard sans mettre un peu de mercure dans la charge.

Non-seulement la routine conserve scrupuleusement comme un dépôt sacré les vieilles erreurs, mais elle s'oppose encore de toutes ses forces aux améliorations les plus légitimes et les plus évidentes.

Rien de plus instructif que de lire les discussions qui eurent lieu à propos du système que Gribeauval finit par faire triompher. On verra de combien d'arguments s'emparaient les Vallière fils, les Dupujet, les Saint-Auban, pour entraver les importantes réformes de ce général; et, chose singulière, c'est que toutes les objections qu'on faisait au système de Gribeauval étaient fondées; mais ce qu'il y avait de mieux fondé encore, c'étaient les avantages que ce système procurait.

Toutes les fois qu'une idée nouvelle surgit, elle amène avec elle de nouveaux avantages et de nouveaux inconvénients. L'œuvre du génie est d'établir la balance et de voir de quel côté le plateau incline.

Comme je n'ai eu principalement en vue que les progrès de l'artillerie française, je n'ai parlé des troupes étrangères qu'autant que leur histoire se liait intimement à la nôtre, ou qu'elle me fournissait des exemples que je n'aurais pas trouvés ailleurs. J'ai omis tout ce qui concerne l'artillerie de marine; c'eût été une histoire toute particulière à faire, il eût fallu parler de la construction des vaisseaux et des combats de mer, questions qui m'eussent entraîné trop loin. On ne trouvera aucun renseignement sur l'histoire des ponts militaires, parce que, je l'avoue, mon plan m'a paru assez vaste tel qu'il est, et que cette histoire spéciale, malgré son importance, n'a pas de relation directe avec l'histoire des armes à feu; cependant je ferai remarquer en passant que, depuis le maître canonnier Girauld, qui construisit un pont sur la Seine, après la bataille de Montlhéry, en 1465, l'artillerie a presque toujours été chargée de la construction des ponts.

Je terminerai en exprimant le regret que l'idée émise un jour par l'empereur n'ait pas été exécutée; mon ouvrage en eût tiré un immense bénéfice. Cet homme, qui a pensé à tout, voulait que les savants créassent des catalogues raisonnés, par ordre de matières, où tous les auteurs qui ont écrit sur une branche quelconque du savoir humain fussent classés par siècles et jugés d'après le mérite de leurs œuvres. De cette manière, ceux qui désireraient écrire l'histoire d'un art ou d'une science, ou faire un voyage lointain, trouveraient facilement les sources authentiques où il faudrait aller puiser leurs renseignements. Aujourd'hui, au contraire, l'homme studieux qui veut s'instruire ressemble à un voyageur qui pénètre dans un pays dont il n'a pas la carte topographique, et qui est obligé de demander son chemin à tous ceux qu'il rencontre sur sa route. C'est, en effet, ce qui m'est arrivé, et si j'ai trouvé quelques cœurs secs qui ne m'ont pas répondu, j'en ai trouvé d'autres qui ont bien voulu, par une louable générosité, me donner tous les renseignements dont ils pouvaient disposer : ma position exceptionnelle me force à taire leurs noms, mais je conserverai avec reconnaissance le souvenir de leurs bons procédés. Une personne surtout, amie d'enfance, a bien voulu faire pour moi les recherches nécessaires dans les manuscrits de la Bibliothèque royale. Si mon ouvrage a quelque valeur, c'est à elle que je le devrai, car c'est par elle que me sont venus les documents les plus intéressants et les plus précieux.

Je dois aussi remercier M. de Salvandy de m'avoir laissé consulter ici, à Ham, les manuscrits de la bibliothèque de l'Arsenal dont j'avais besoin.

Quant aux dessins, un de mes amis, le docteur Conneau, qui partage aujourd'hui volontairement ma captivité, les a exécutés sous ma direction avec un zèle qu'aucune difficulté n'a pu décourager. Ils sont tous copiés sur des manuscrits, sur des livres anciens ou sur de vieilles pièces encore existantes; je n'ai fait que rétablir ceux qui, par la négligence des premiers dessinateurs, étaient peu intelligibles.

Les planches du premier volume représentent les différentes artilleries vues en perspective, parce qu'elles n'ont pour but que de donner une idée des constructions usitées à différentes époques; d'ailleurs, les dessins originaux étaient ainsi faits; dans le second volume, au contraire, tous les dessins sont mathématiquement exécutés.

Pour entreprendre un travail de si longue haleine, il me fallait un puissant mobile : ce mobile, c'est l'amour de l'étude et de la vérité historique. J'adresse donc mon ouvrage à tous ceux qui aiment les sciences et l'histoire, ces guides dans la prospérité, ces consolateurs dans la mauvaise fortune.

. . . .

J'ai écrit cet avant-propos il y a un an;

alors je comptais terminer mon ouvrage dans ma prison; mais un devoir sacré m'appelle hors de France. Libre, je continuerai avec la même persévérance une étude qui a adouci l'amertume de ma captivité.

Napoléon-Louis BONAPARTE.

Fort de Ham, le 24 mai 1846.

N. B. Au moment de mettre sous presse, nous lisons dans le *Moniteur* d'aujourd'hui que, dans la séance de l'Assemblée Nationale d'hier, 3 novembre, une nouvelle attaque, sous la forme d'un amendement à l'art. 44 de la Constitution, a été dirigée contre Louis-Napoléon.

L'Assemblée tout entière et le gouvernement lui-même se sont réunis pour repousser l'amendement.

4 novembre 1848.

TABLE DES MATIÈRES.

Courte Notice sur Louis-Napoléon Bonaparte. 5
Rêveries politiques. 51
Considérations politiques et militaires sur la Suisse. 53
Extinction du Paupérisme. 58
Idées napoléoniennes. 61
Mélanges. 67
Études sur le passé et l'avenir de l'Artillerie. 75

PARIS. — IMPRIMERIE DE GERDÈS,
Rue Saint-Germain-des-Prés, 10.

www.ingramcontent.com/pod-product-compliance
Lightning Source LLC
Chambersburg PA
CBHW070529100426
42743CB00010B/2008